Regina Bollinger
Bukow M. Schulze (Cartoons)

Die Männer-Flüsterin

Was Frauen wirklich wollen

Wishbohn Verlag

Regina Bollinger · Bukow M. Schulze (Cartoons)
Die Männerflüsterin – Was Frauen wirklich wollen

© 2004 Wishbohn Verlag, Mülheim an der Ruhr
Herstellung: Books on Demand GmbH, Norderstedt
Covergestaltung, Satz und Layout: Schulzes Büro, Darmstadt
ISBN: 3-9809647-1-X

Covergestaltung und Layout
Schulzes Büro, Darmstadt

Bibliographische Information der Deutschen Bibliothek:
Die Deutsche Bibliothek verzeichnet diese Publikation
in der Deutschen Nationalbibliographie;
detaillierte bibliographische Daten sind im Internet abrufbar unter
http://dnb.ddb.de

Wishbohn Verlag

> Liebe Männer, Machos, Softies,
Barthaare-im Waschbecken-Lasser:
Um den Fortbestand und die Entwicklung unserer
Art zu unterstützen, wollen wir Frauen Euch
hilfreiche Ratschläge im Umgang mit uns zu-
kommen lassen.

Leider ist unsere seelische Struktur nicht so simpel
wie Eure, dafür sind wir aber in der Lage, komplexe
Fakten auch komplex wahrzunehmen und mitzu-
teilen.

> Das Wichtigste zuvor für Männer:
Nehmt es mit Humor.
Und für die Frauen: Hier findet Ihr unerschöpfliche
Argumentationshilfen und Einsichten.
Habt den Mut, dazu zu stehen. Eine Beziehung ist
schon halb den Bach runter, wenn Ihr anfangt zu
taktieren. Das Zusammensein ist nicht Krieg,
sondern der lang ersehnte Friedensfall.

Hier legen wir Frauen mal die Karten offen auf den
Tisch. Wir zeigen Euch, wo wir die Asse und Trümpfe
verstecken.

Kapitel 1
Der weibliche Körper
ist eine einzige Problemzone

> **1** Egal, welche Figur wir haben, sie ist ein
Problem. Wenn wir uns nicht an den Models aus
der BRIGITTE orientieren, dann doch zumindest
daran, wie wir vor 10, 15, 20 oder mehr Jahren mal
aussahen und wieder aussehen wollen.

> **2** Der Satz: „Ich liebe Dich so wie Du bist",
ist zwar schon recht feinfühlig, aber noch nicht
ganz das, was wir hören wollen.
Die Komplimente müssen jeweils im Einzelfall
und das täglich ausgesprochen werden,
z.B. *„Diese Farben stehen Dir total gut. Das Jackett
finde ich sexy. Deine Beine sehen bei diesem Mini-
rock Klasse aus. Ich könnte Dich so...."* (aber bitte
nicht, wenn wir gerade gestylt sind, sonst ist die
ganze Restauration für die Katz gewesen).
Ein mit Worten angedeuteter Geschlechtsakt ist
so viel wert wie ein vollzogener (wenn es nicht
gerade Samstag oder Sonntag ist, und wir wirklich
Zeit und Lust haben).

> **3** Lasst es zu, dass wir Diät machen und Euch
gleichzeitig eine Soße mit Sahne über die Nudeln
kippen, während wir Möhren mümmeln.
Ein Mann mit Bäuchlein geht weniger fremd.
Wir schlagen zwei Fliegen mit einer Klappe.

> **4**   Eure ungeschminkte Frau ist „*natürlich*" (Text-
vorgabe), Eure geschminkte Frau „*sieht toll aus*"
(dito). Jedes Stadium der Restauration braucht Zeit,
jede Phase (z.B. Sich-gehen-Lassen im Urlaub)
bringt einen anderen Aspekt unserer natürlichen
Schönheit zum Ausdruck.
Wenn Euch kein Text einfällt, helfen wir Euch gern
mit Textmodulen aus, die uns gefallen, fragt einfach.

> **5**   Ein Friseurbesuch ist eine vergleichbar preis-
werte Alternative zu anderen Wellness-Formen,
zu psychotherapeutischen Sitzungen, zu Kosmetike-
rinnen-Besuchen.
Friseur ist Erholung, Entspanung, Hingabe.
Wenn wir aber gelegentlich Wert auf teurere Alter-
nativen legen, lasst es uns tun. Wir sind hinterher
besser gelaunt.

> **6** Lasst uns Euch die Haare schneiden.
So schwer kann das nicht sein. Wir investieren das
Gesparte dann in unseren Friseurbesuch.

> **7** Geht zusammen mit uns ins Fitness-Studio,
damit wir uns vor diesen sportlichen, durchgestylten
Weibern nicht fürchten müssen, die Euch auf der
Drückbank ein Äuglein kniepen.

> **8** Wir sind 39, wenn Ihr 39 seid. Wir sind 39,
wenn Ihr 49 seid, wir sind 39, wenn Ihr 59 seid.
Alles klar? Es gibt aber auch Frauen, die in Würde
altern können.
Stellt Euch auf das Jeweilige ein.

Kapitel 2

Alles über Sex
und Schwangerschaft

> **9** Sagt, dass die Häufigkeit von Sex in unserer
Beziehung völlig ok ist und alle anderen nur das
Blaue vom Himmel herunterlügen, sofern sie sich
nicht gerade erst verliebt haben.
Wenn Ihr Euch schon zusätzlich einen runterholen
müsst, dann behauptet, dass Ihr dabei an uns denkt,
sofern wir es mitbekommen.

> **10** Kein Sex ist genauso so schlimm wie zuviel
Sex. Exkurs zur Güte: Letztlich haben die Frauen
doch die gleichen Ängste: langweilig, leidenschafts-
los, 08/15 zu sein und ihren Männern nicht zu
genügen.

> **11** Weil das Argument mit den Kopfschmerzen
wirklich out ist, haben wir uns schon längst bessere
Gründe zugelegt.
Kopfschmerzen sind heutzutage einfach nur noch
Kopfschmerzen.

> **12** PMS ist keine Versicherungsagentur, sondern ein triftiger Grund, gereizt, aggressiv, verängstigt oder frustriert zu sein oder eine Diät zu schmeißen. Es hört dann auf, wenn wir unsere Tage kriegen, was gelegentlich auch ein bedauernswerter Zustand sein kann. Macht uns Wärmflaschen im Winter und kalte Stirnkompressen im Sommer. Sobald unsere Tage vorbei sind, kommt für ca. 14 Tage die beste Zeit: Wir sind fröhlich, verträglich, aufgeschlossen, fühlen uns gut und sehen blendend aus.

> **13** Zwischen dem hübschen Hintern von Mel Gibson und dem hübschen Hintern von Jennifer Lopez besteht ein großer Unterschied. Wir dürfen Mel Gibson anschmachten, denn wir tun es nur platonisch und würden ihn nie gegen Euch eintauschen. Ihr seid hormongesteuerte Wesen, die von vornherein jeder Versuchung ausweichen sollten. Der Hintern von Frau Lopez ist tabu.

> **14** Die Frage *„Nimmst Du die Pille?"* ist keineswegs der komplette Ablauf eines verantwortungsbewussten gemeinsamen Umgangs mit dem Thema Verhütung.

> **15** Ihr meint, Ihr könntet Euch entziehen, nur weil eine Schwangerschaft im Körper der Frau stattfindet und sie dieser Situation schonungslos ausgeliefert ist. Ohne Euch wären wir nicht schwanger. Seid mit uns schwanger!

> **16** Schwangerschaft ist eine Mischung aus „Alien" und Glücksgefühl, gemischt mit völlig neuartigen Sorgen und dem Gefühl, ein benutztes Gefäß zu sein.

> **17** Eine Frau ist auch noch vorhanden, wenn das Kind da ist. Jeder fragt, wie es der Brut geht, keiner fragt nach der Mutter.

> **18**   Es ist was ganz Neues, ja geradezu Fremdes, nach der Geburt eines Kindes zum ersten, zweiten, dritten Mal wieder miteinander zu schlafen. Eigentlich fühlen wir uns wie die Jungfrau Maria zusammen mit einem Mutter-Teresa-ich-bin-jetzt-mehr-Mutter-als-Frau-Komplex. Gebt uns Zeit! Seid sehr lieb! Es wird wieder.

> **19**   Pi mal Daumen sollten (junge und auch ältere) Eltern mindestens einmal im Jahr eine Woche allein im Urlaub miteinander verbringen. Dies dient vor allem der Absicherung, dass man als Paar noch existiert. Wundert Euch nicht, wenn man diese Zeit auch zum Streiten benutzt, wann sonst? Lasst uns was Schönes zusammen machen, und: keine übersteigerten Erwartungen. Denkt dran: irgendwann sind die Kids groß, da sollten wir als Paar noch funktionsfähig sein.

> **20**   Wer hat was von Vorspiel gesagt?
Wir schaffen es auch in der Werbepause.

> **21**   Natürlich ist der Wohnzimmerteppich ein
leidenschaftlicher Ort. Aber im Bett ist es doch
bequemer.

> **22**   Unsere Unterhosen erfüllen viele Zwecke,
Eure nur einen: dass Ihr Euch nicht die Härchen ein-
klemmt beim Reißverschluss-Zumachen.
Wir haben Verführungsunterhosen, die zwar
zwicken, aber sowieso nur schön sind und bei Licht
ausgezogen werden sollen.
Wir haben Glücksunterhosen für schwierige Situa-
tionen, wir haben bequeme Unterhosen für den
Alltag (diese werden allein und im Dunkeln ausgezogen), Unterhosen, die zu einem bestimmten
Kleidungsstück gehören, weil sie sich nicht oder
besonders schön abzeichnen.

> **23**   Wir finden die Wichsvorlagen im Bettkasten
oder hinter den Büchern im Regal.
Ihr seid so schlecht im Verstecken wie im Suchen.

> **24** Wenn ein Mann sich „die Hörner abstößt",
beglückwünschen ihn alle, dass er seine Hormone
vor der Ehe in Ordnung gebracht hat. Tut eine Frau
das, ist sie eine Schlampe.
Schaut Euch „*Sex and the City*" an und gesteht uns
zu, dass wir das auch dürfen, was Ihr dürft. Für
jedes Mal Hörner-abstoßen muss ja, rein rechne-
risch, auch eine Frau mit ähnlichen Interessen zur
Verfügung stehen. Seid doch froh, wenn Eure
Zukünftige nicht erst alles im Kamasutra nachlesen
muss.

Kapitel 3

Technischer Firlefanz und höhere Mathematik

> **25** Lasst es zu, dass wir an mathematische und physikalische Sachverhalte anders herangehen. Was zählt, ist das Ergebnis.
Wenn am Schluss bei beiden Rechnungen das Gleiche herauskommt, braucht Ihr uns Eure Denkvorgänge nicht nahebringen.

> **26** Frauen *können* Karten lesen. Bevor sie mit Euch zusammen waren, haben sie auch in jeder Großstadt die gesuchte Adresse gefunden.
Nur Eure Pfadfinder-Überheblichkeit will uns zu orientierungslosen Vollidioten machen.

> **27**   Frauen können 1 A Löcher bohren. Sie wissen, was ein Dübel, ein Inbus (ja, schlagt ruhig nach, Ihr sagt seit Generationen „Imbus" und es stimmt nicht!), ein Kreuzschlitz und eine Rohrzange ist. War nicht in unserern Wohnungen alles an der Wand befestigt, als Ihr in unser Leben tratet? Wir haben natürlich nichts dagegen, wenn Ihr Euch für die Zeit unserer Beziehung um alle Bohrlöcher kümmert (nur um unsere!).

> **28**   Das Auto ist Eure Sache. Es muss laufen. Nehmt die Kinder mit zur Waschstraße und zum Auto-Aussaugen, dann haben wir etwas Ruhe. Kleinere Schäden am Auto sind unwichtig. Wir freuen uns, wenn Ihr gelegentlich eine Schramme reinfahrt, weil es alte Vorurteile ausbremst.

> **29**   Es ist kein Widerspruch, an einem Tag Geld mit vollen Händen auszugeben und am nächsten Tag geizig zu sparen.

> **30**   Ruft uns nicht erst an, wenn Ihr die Heim-
kinoanlage schon gekauft und im Kofferraum habt.
Schließlich kostet dieser Firlefanz soviel wie ein
Urlaub.

> **31** Programmiert uns den Videorecorder. Sollten
wir uns jemals trennen oder scheiden lassen: Ein
letzter Akt der Reverenz an eine vergangene große
Liebe wäre eine verständlich geschriebene Ge-
brauchsanleitung für den Videorecorder ohne jede
Beschreibung nicht notwendiger (aber tatsächlich
vorhandener) technischer Spielereien, die das Gerät
auch kann. Es soll aufnehmen und abspielen.

> **32** Für Akte wirklich notwendiger Rache (es gibt
Frauen, die das verdienen): Tauscht In- und Out-
Kabel am Fernseher aus, macht eine Zündkerze ka-
putt und setzt sie wieder ein, vertauscht den Kalt-
und Warmwasser-Anschluss, programmiert ein Start-
bild auf dem PC mit dem Text: *„Sofort ausschalten,
ansonsten Festplatten-Löschung!"*
Wir wissen umgekehrt auch sehr gut, was Euch
wehtut.

Kapitel 4

Familie
und Freunde

> **33**   Gebt zu, dass alle Eure Ex-Freundinnen absoluter Bockmist gegen uns Derzeitige sind.
Frauen sind eifersüchtig, auf das, was war. Männer sind eifersüchtig, auf das, was sein könnte.

> **34**   Männerabende sind uns ein Greuel. Sie müssen beendet sein, wenn wir üblicherweise zu Bett gehen, damit wir nicht wachliegen und uns Sorgen machen müssen, dass Ihr an den Baum gefahren seid oder fremde Weiber Euch in Kneipen angebaggert haben. Der Satz des Rückkehrers hat zu lauten: *„Bin ich froh, wieder zu Hause zu sein. So doll war es nicht. Sollen wir morgen ins Kino / essen gehen / gemütlich zu Hause bleiben?"*

> **35**   Wir Frauen haben das Recht, unsere Mütter
zu hassen und ihnen jede Bösartigkeit nachzusagen.
Eure Aufgabe ist es, charmante Schwiegersöhne zu
sein, uns gegenüber den Müttern am Telefon glaub-
haft zu verleugnen, ihnen lange zuzuhören, hinterher alles wiederzugeben und das Essen unserer
Mütter fabelhaft zu finden. Der Aufenthalt mit
Schwiegervätern im Werkzeugkeller hat keine Er-
satzwirkung und gilt als Fahnenflucht.

> **36**   Sich von unterwegs zu melden, ist nicht
weibisch, sondern ein Zeichen des liebenden Mitge-
fühls. Sagt uns, dass Ihr gut angekommen seid, dass
Ihr jetzt abfahrt, dass Ihr gerade im Stau steht und
an uns denkt, dass es evtl. später wird, weil Ihr Euch
noch einen Hamburger kaufen wollt.

> **37** Durchzechte Nächte, mit und – noch schlimmer – ohne Ansagen, sind furchtbar für uns. Wir wälzen uns im Bett herum und denken uns das Schlimmste aus. Wer ab 1 Uhr nicht stündlich anruft und freundliche, halbwegs nüchtern klingende (ohne kichernde Frauenstimmen im Hintergrund oder Freunde, die Frauenstimmen imitieren) Sätze sagt, braucht sich nicht zu wundern, morgens zwischen 4 und halb 7 mit einer Szene empfangen zu werden, die sich gewaschen hat.
Lösungen: Ihr kommt früher, s.o., Ihr nehmt uns mit und wir gehen, wenn die Frau müde ist, oder Ihr lasst uns nachkommen. Bei schlafenden Kindern zu Hause gelten verschärfte Regeln.

> **38** Unsere Freundinnen sind so lange nett zu finden, bis wir sie selber blöd finden.

Kapitel 5

Leidige Themen

> **39** Die Befähigung zum Ein- und Ausräumen der Spülmaschine erwirbt man sozusagen mit der Geburt. Es ist kein Lehrgang dazu notwendig.

> **40** Wer eine Waschmaschine reparieren kann, kann sie auch bedienen. Wer absichtlich helle und dunkle Wäsche mischt, um von weiteren Wasch-pflichten entbunden zu sein, handelt gegen die Genfer Menschenrechts-Konvention, das Grundge-setz und die Gleichheit von Rassen und Geschlech-tern. Jeder Versuch ist strafbar.

> **41**   Wenn Frauen kochen, ist die Küche mit Beginn des Essens meistens auch sauber. Wenn Männer kochen, meinen sie, dass die Frauen danach den Saustall in der Küche aufräumen, weil sie eine gottgleiche Leistung durch das Braten eines Spiegeleis vollbracht haben.
Frage: Was stimmt hier nicht?

> **42**   Die erzieherische und hauswirtschaftliche Leistung, die eine Mutter mit ein bis fünf Kindern im Laufe eines Tages vollbringt, ist mit Geld nicht aufzuwiegen.
Das Argument, ein junger Vater müsse nachts schlafen, um tagsüber arbeiten zu können, ist gequirlte Scheisse. Er sollte jede zweite Nacht das volle Betreuungsprogramm übernehmen und vor allem beim ersten Quiekser des Babys aufstehen und nicht blödsinnig herumargumentieren, dass das Kleine schon wieder einpennt.
Das tut es nicht! Die Mutter ist sofort wach. Gönnt ihr das Wieder-Einschlafen durch sofortiges, gut gelauntes Aufstehen. Wundert Euch nicht, dass wir Euch schlagen, falls Ihr diese Auffassung unterlauft.

> **43** Geputzte Waschbecken, Badewannen,
Fußböden, gesaugte Teppiche, gemachte Betten,
saubere Spülen und Kühlschränke, ausgewischte
Regalböden sind menschliche Grundbedürfnisse.
Entweder Ihr helft uns oder Ihr bezahlt die Putzfrau.

> **44** Müll ist ein außerordentlich wichtiges Son-
derthema. Der Mülleimer gehört in die männliche
Domäne (Schmutz, Geruch, Gewicht).
Er wird *vom Mann* geleert, sobald er voll ist, und
zwar unverzüglich. Nicht, wenn er übervoll ist, nicht
morgen, nicht nachher, nicht bald, nicht erst, wenn
Extratüten hängen oder der Müll schon laufen und
sprechen kann!
Habt Ihr mal gesehen, was für fette Maden sich
innerhalb weniger Tage aus der Mischung von Kaf-
feefiltern, altem Katzenfutter, verrotzten Taschen-
tüchern, Restnudeln mit Soße und überfälligem
Sahnequark entwickeln können?
Das Katzenklo könnt Ihr gleich mit erledigen.

> **45**   *Wer* wollte den Hund? Wer träumte von langen Männerspaziergängen wie aus der Chappi-Werbung mit dem besten Freund des Mannes, der hechelnd einem Barbour-Jacken tragenden, wettergegerbten Naturburschen einen Mords-Ast mit wehendem Schweif nachträgt? Regen und *„ich war doch erst vorgestern morgen mit ihm draußen"* sind kein Argument!

> **46**   Bezahlt die Rechnungen, und zwar pünktlich. Erledigt Eure von uns aufgetragenen Aufgaben zeitnah und ohne mehrmalige Erinnerung. Nehmt uns unangenehme Anrufe ab.

> **47**   Wir suchen bei einem Problem nicht wie Ihr
sofort nach einer Lösung. Zunächst wollen wir unsere Gefühle dazu bekannt geben (das kann dauern,
hört zu, wir können erst aufhören, wenn wir alles
aufgesagt haben, vertut nicht unnötig Eure und
unsere Zeit mit dem Versuch, das Thema abkürzen
zu wollen).
Dann gibt es viele Lösungswege: welche, die uns
selbst gefallen, welche, die niemanden verletzen,
welche, die erst langfristig effektiv sind, kostengüns-
tige Wege und ganz am Schluss evtl. auch Euren
Vorschlag. Der Weg ist das Ziel, nicht das Ziel ist
das Ziel, ist doch logisch, das mögt Ihr doch.

> **48**   Seid romantisch. Schaut mit uns „*Schlaflos
in Seattle*" an, heult mit bei den Schlüsselszenen und
sagt uns am Ende des Films, wie sehr Ihr uns liebt.

> **49** Wenn wir uns mit Euch streiten, so geht es
darum, dass wir Euch unsere Gefühle klarmachen
wollen, Ihr Einsicht zeigt und Besserung gelobt.
Beim Streit ,mauern', abhauen, herablassend grin-
sen, während wir uns heiser schreien, verächtliche
Sätze wie ,ich rede nicht mit dir, wenn du so bist'
sind eine Sünde wider die Frau.
Tipp 1: aushalten, reden, zuhören;
Tipp 2: lest *„Frauen sind anders, Männer auch"*,
dort erfahrt Ihr, warum Ihr so seid und wie Ihr es
ändern könnt.

> **50** Wir wollen uns nach einem Streit schnell
versöhnen. Gießt uns einen Baileys ein, wenn sich
die Situation ein wenig entspannt, sagt, dass Ihr uns
liebt und wir es das nächste Mal besser machen.
Es gibt nichts Schlimmeres als schweigend im Bett
zu liegen, Schlaf zu simulieren und am nächsten
Morgen immer noch grollen zu müssen. Versöhnung
ist was Herrliches.
Wenn wir einverstanden sind, ist das der Zeitpunkt
für außerplanmäßigen Sex. Dabei darf es dann auch
etwas wilder zugehen als sonst.

> **51**   Macht unseren Geburtstag zu einem unvergesslichen zweisamen Ereignis. Geheimtip: hineinfeiern, indem man der Frau, die schon im Bett liegt, liest oder döst, die Geschenke auf einem Tablett mit Musik und Blumen ans Bett bringt.
Sagt den schönsten Frauen-Satz, den Ihr auf Lager habt , z.B. *„ich würde Dich immer wieder heiraten, ohne Dich könnte ich nicht leben..."*

> **52**   Kommt pünktlich! Wir wissen zwar, dass Unpünktlichkeit ein Zeichen von Männerfreiheit ist, dass Zeit relativ ist. Das Ding an Eurem Arm ist nicht nur ein Statussymbol oder männlicher Schmuck, es ist ein technisches Gerät (das gefällt Euch doch), es zeigt die Zeit!

> **53**   Lasst uns in Eurem Arm einschlafen. Wünscht uns schöne Träume. Hört den nächtlichen Erzählungen von Alpträumen zu. Strahlt uns morgens an (Mund zu beim Küssen, wir stinken alle aus dem Mund!).

> **54** Zwischen einer Erkältung und Krebs besteht
ein Unterschied. Es gibt eine Menge ungefährlicher
Krankheiten, die Ihr kriegen könnt, bevor Ihr an
einer wirklich wichtigen Sache sterbt.

> **55** Erklärt uns jedes Jahr neu, was Abseits ist.
Freut Euch, wenn wir etwas behalten haben. Es hat
durchaus etwas mit Fußball zu tun, wenn wir Beck-
ham oder Ballack für hübsche Kerle halten.

> **56** Nehmt unsere Ängste ernst. Wenn wir
besorgt sind, dann hat das wichtige Gründe.
Ihr dürft uns aber gerne mit Eurem (realistischen)
Optimismus beglücken.

> **56** Ein schlechter Film ist, wenn wir vor Span-
nung pinkeln gehen, um uns das Schlimmste zu
ersparen. Ein schöner Film ist, wenn sie sich am
Schluss kriegen.

> **58**   Tanzt mit uns, wirbelt uns strahlend über die Tanzfläche. Wir lieben Standard-Tänze mit Anfassen. Bevor Ihr andere auffordert, sind erstmal wir Erstbezugs-Frauen dran, mindestens drei Tänze lang.

> **59**   Kehrt auf Feten und Parties immer wieder zu uns zurück, um ein paar Takte zu plaudern. Es muss stets erkennbar sein, dass wir die Frau sind, mit der Ihr gekommen seid und auch zu gehen gedenkt.

> **60**   Der Satz „*Ich bin halt so!*" ist das schlimmste Männerargument, das es gibt, denn er bedeutet, dass Ihr so sein wollt und nicht bereit seid, Euch für uns zu ändern. Einsichtslosigkeit führt dazu, dass wir irgendwann mal die Spielregeln ändern und das Ende vom Lied ist, dass Ihr ausgegrenzt oder verlassen werdet und behauptet, Ihr hättet von nichts gewusst.

> **61**   Seid ehrlich, belügt uns nicht.
Wir finden alles raus.

> **62**   Wir befinden uns im Zeitalter des Post-Post-Feminismus. Es ist uns egal, wie Ihr pinkelt. Wischt Eures weg, wir wischen Unseres weg. Ende der bescheuerten Toiletten-Diskussion. Wer sonst keine Probleme zu Hause hat, ist beneidenswert.

> **63** Die Rollenverteilung in einem Haushalt und einem gemeinsamen Leben ist zuallererst keine weltanschauliche Frage. Lasst uns unser Leben gemeinsam so einrichten, dass es uns beiden Spaß macht. Sollte dabei herauskommen, dass die Frau wirklich gern und gut kocht und der Mann gern und gut handwerkelt (oder umgekehrt), dann lasst es uns so aufteilen.
Es geht um's Wohlfühlen und Spaßhaben, Politik und Geschlechterkampf ist zu Hause absolut zweitrangig. Jeder tut, was er gut und gern kann.

> **64**   Liebe Mitgliederinnen! Scheiß auf inklusive Sprache! Es waren die Frauen der 68er-Generation, die ihren eigenen Kampf auszufechten hatten. Wir sind ihre Töchter. Was bringt ein schlecht lesbarer, doppelt so langer Text und neutralisierte Personenbezeichnungen? Nichts! Außer, dass eine Anzeige dadurch teurer wird, dass der Artikel nicht auf die Seite passt, dass selbst Nicht-Machos die Augen verdrehen und wir Frauen uns unmöglich gemacht haben. Geht liebevoll mit diesen atavistischen Relikten vergangener Kämpfe um, macht Kompromissvorschläge (einmal im Text als Reverenz, der Rest des Textes in sprachökonomischer Gestaltung).

> **65**   Sagt uns, was Ihr denkt und fühlt. Es kann nicht sein, dass Ihr keine Angst habt, dass Ihr Euch nicht überfordert, verängstigt, gekränkt fühlt. Wenn Ihr es nicht aufsagt, bekommt ihr eine Gastritis, Rückenschmerzen und – diesmal wirklich – Krebs! Heult doch mal, vor allem, wenn Euer Vater, Eure Mutter, Eure Lieblingstante gestorben ist, wenn Ihr ratlos seid, wenn Euch danach ist. Lasst ein (angeblich schlechtes) Gefühl zu, zu dem Euch nicht gleich eine Lösung einfällt.
Ihr dürft auch „auffen Arm". Wir halten Euch fest.

> **66**   Heiratet uns! Macht uns romantische
Heiratsanträge.

> **67**   Der Urlaub dient nicht nur der Entspannung
des Mannes.

> **68**   Ab circa 40 landen Frauen fast alle auf dem
Esoterik-Trip. Es gibt durchaus schlimmere Arten der
Verwaltung einer Midlife-Crisis.

Ganz ehrlich: fragt Ihr Euch nicht auch manchmal
a) nach dem Sinn des Lebens, b) ob das alles war,
c) was nach uns kommt, d) wohin wir gehen,
e) warum wir gerade als ein Ich diesen Körper be-
wohnen, der so verdammt endlich ist, während
unsere Seele nach Unendlichkeit strebt, f) ob Gott
vielleicht eine lila Giraffe ist, g) ob die Menschheit
sich wirklich weiterentwickelt, h) ob wir schon mal
da waren und noch x-mal wiederkommen?
Geht mit uns spazieren und lasst uns gemeinsam
laut drüber nachdenken.

> **69**   Lasst uns eine prima Lebensversicherung
abschließen.

> **70** Joggt mit uns, obwohl wir langsamer sind.

> **71** Nehmt die Vitamintabletten, die wir Euch zum Frühstück dazulegen.

> **72** Ein Gemüsebratling kann sehr lecker sein, wenn er gut gewürzt ist.

> **73** Alles hat eine Seele und will geschätzt werden. Wundert Euch nicht, wenn wir mit unseren Topfpflanzen und den Tomatensetzlingen reden, wenn wir den Computer wie eine Person behandeln und finden, dass ein Videorecorder ein auf Männer orientiertes, frauenfeindlich gesonnenes Gerät ist.

> **74**   Nehmt uns einmal mit ins Stadion, damit
wir hinterher jeden weiteren Besuch entspannt
ablehnen können.

> **75**   Lasst Frauen, die Euch anbaggern, vor unse-
ren Augen und Ohren abblitzen. Wir werden Euch
ewig dafür lieben und dankbar sein.

> **76**   Repariert, was Ihr reparieren könnt.
Für den Rest bestellt umgehend einen kompetenten,
freundlichen Handwerker.

> **77**   Habt keine Angst vor Nähe.

> **78** Wir verlieben uns zwar gern in einen Kerl wie einen Camel-Cowboy, aber leider sind diese Typen nicht beziehungsfähig. Sie grasen ab und ziehen weiter und müssen stets allein in die Wüste ziehen. Erst baggern sie mit unwiderstehlichem Charme, dann schleppen sie ab.
Auf die Frage *„Sehen wir uns morgen?"* antworten sie: *„Ich ruf Dich übermorgen an."* Wir wagen dann nicht, das Telefon alleinzulassen und trauen uns nicht mal, unser Pipi auf dem Klo wegzuspülen, aus Angst, wir könnten das Läuten überhören. Rufen wir dann doch zermürbt schon am nächsten Tag an, haben diese Typen x Verpflichtungen und Termine. Unser Tipp: Seht so aus, aber seid anders.

> **79** Wenn Ihr in uns verliebt seid, macht Euch
zum kompletten Affen. Ruft sofort an, wenn Ihr uns
gerade erst nach Hause gebracht habt.
Gesteht Eure Verwirrung und Faszination ein.
Macht jeden impulsiven Unsinn, der Euch einfällt.
Es macht uns glücklich. Wer meint, er müsse eine
Frau zappeln lassen, ist ein Arschloch.
Der einzige Fluch, den solche Kerls verdient haben,
heißt: *„Verliebe Dich unsterblich, krieche im Staub
vor ihr und werde schonungslos enttäuscht, und
dann gedenke demütig der Frauen, die Du hast zappeln lassen!"*

> **80**   Es müssen nicht immer Blumen und
Schmuck sein. Seid einfallsreich.

> **81**   Bringt die Jungs mit nach Hause, damit wir
sehen, dass sie ungefährlich sind. Macht den Her-
ren-abend im Wohnzimmer. Wir belohnen Euch mit
Frikadellen und kaltem Bier und gehen ohne einen
Mucks einfach ins Bett und schlafen mit Eurem
Hintergrundgegröle friedlich ein.

> **82**   Schokolade ist eine Droge. Gebt sie uns!

> **83**   Zeigt uns mal einen Porno. Wir haben uns
nie getraut, einen auszuleihen. Aber guckt ihn bloß
nicht alleine an.

> **84**   Geht pinkeln, während wir uns die Zähne
putzen. Es zeigt uns eine Steigerung der Nähe.
Vergesst nicht abzuziehen!

> **85**   Ihr dürft pupsen soviel Ihr wollt.
Frauen pupsen auch.

> **86**   Entfernt die „Schleifspuren" in der Klo-
schüssel.

> **87**   Installiert uns ein verträumtes Hintergrund-
bild auf unserem PC.

> **88**   Lest ein Buch, das wir toll finden.

> **89**   Steht auf, wenn wir komische Geräusche
hören.

> **90**   Was unsere Krankheiten angeht: Wir sind
Heldinnen, wir gehen noch mit dem Kopf unter'm
Arm zur Arbeit, in die Küche, zum Elternabend.
Zwingt uns, zum Arzt oder ins Krankenhaus zu
gehen, wenn Ihr besorgt seid.
Frauen sterben häufiger an den Folgen von Schlag-
anfällen und Herzinfarkten, weil sie erst noch die
Küche aufräumen wollen, bevor sie zum Arzt gehen.

> **91**   Macht diesen Tanzkurs mit uns.

> **92**   Drückt Eure Pickel alleine aus. Für die auf
dem Rücken geht zum Hautarzt.

> **93** Erfindet Kosenamen für uns und lasst Euch
„Schatz" nennen.

> **94** Bedauert uns, wenn uns danach ist.

> **95** Kneift uns zu Hause mal im Vorübergehen in
den Hintern und sagt einen aufreizenden Satz wie
ein fremder Gigolo.

> **96**   Wundert Euch nicht, wenn wir *nicht immer*
über das Hinternkneifen erfreut sind.

> **97**   Für beide Parteien: Wir haben uns ineinander
verliebt, weil der andere so herrlich anders war.
Leider sind dieselben Eigenschaften später auch der
Grund für unendliche Streitereien, weil wir uns dann
doch nicht mehr so haben wollen, wie wir am An-
fang waren.
Keine Ahnung, wie man aus diesem Dilemma raus-
kommt, echt nicht!

> **98**   Vertraut uns Euer größtes Geheimnis an,
wir belohnen Euch mit unserem.

> **99** Was immer es ist, wir stehen es durch, wenn wir zusammen halten. *„Ohne Dich könnte ich das nicht!"* lautet der gemeinsame Text.

> **100** Karriere: macht Ihr Eure, wir machen unsere. Beschwert Euch nicht, wenn wir offensichtlich die Familien-GmbH und den Job unter einen Hut kriegen und auch noch besser verdienen.
Nach Jahrhunderten haben wir das verdient. Wir beraten Euch gern, wie Ihr Eure stockende Karriere wieder in Gang bringt.

> **101** Familien-GmbH: Wir Frauen kriegen es hin, morgens die Kids zur Schule und in die KiTa zu bringen, ein Netz betreuender Mütter, Tanten, Großmütter aufzubauen, am Wochenende die Wohnung zu putzen, die Nachhilfe zu regeln, bei Masern nicht in Panik auszubrechen, Eure fehlenden Socken zu suchen, ein dreigängiges Menü nach nur einer Stunde zu zaubern und beim Öffnen der Wohnungstür für die Gäste auszusehen wie die Königin von Saba. Sollten wir mal krank oder auf einer Tagung sein: Wir sind zufrieden, wenn wir hinterher Wohnung und Kinder wiedererkennen.

> **102** Wenn Männer suchen, finden sie nie was. Sie stehen vor dem Regal, in dem ihre Brille liegt und finden sie nicht. Ihr sucht immer was, und weil wir es stets für Euch finden, sind Eure Sucher-Qualitäten zurückgebildet worden. Stellt Euch einfach vor, es sei ein Abenteuer auf einer einsamen Insel, Euer Portemonnaie ist der Schatz und die Insel ist nur 75 qm groß.

> **103** Ehefrauen sind hervorragende Detektive.
Sie sehen das blonde lange Haar am Autofenster
kleben, obwohl sie selbst brünett sind. Sie finden die
Kreditkarten-Abrechnung, auf der ein Schmuckkauf
vermerkt ist, der keineswegs zu ihrem Geburtstag
passt. Sie riechen den aushäusigen Sex an Euch,
obwohl Ihr geduscht habt und die Saunahandtücher
zwecks Glaubhaftigkeit angefeuchtet wurden.
Ein Seitensprung ist der mieseste Vertrauensbruch,
den es gibt. Mag sein, dass Männer dies anders
sehen, aber solange Ihr mit uns zusammenleben
wollt, vergesst es!

> **104** Wir essen nicht gern allein!

> **105** Ein ausgebliebener Rückruf kann uns den
ganzen Tag versauen.

> **106** Wenn Ihr Euch nicht ändert, ändern wir uns,
und das tut weh. Versprochen!

> **107** Die Ordnung im Haushalt ist in einem hoch-
sensiblen Gleichgewicht. Räumt den Hammer auf,
wenn Ihr ihn benutzt habt.
Wir tragen Euch ständig was hinterher.

> **108** Wir bringen Euch gern eine Flasche Bier,
weil Ihr gerade so schön auf dem Sofa liegt. Es wäre
nett, wenn Ihr uns auch mal was bringt.
Schreit uns nicht durch die ganze Wohnung hinterher, weil Ihr uns ein Fußballzitat aus der Zeitung
vorlesen wollt. Ihr habt auch Beine, und wir stehen
gerade in der Küche und machen Euch Frühstück,
während die Waschmaschine läuft.

Kapitel 7

Schuhe, Krawatten, Tennissocken...

> **109** Wenn Ihr keine Lust habt, Klamotten kaufen zu gehen, so lasst Euch darauf ein, dass wir Euch etwas mitbringen (in drei Größen, mit Rückgaberecht). Natürlich ist es dann der Stil, den wir für Euch empfehlen würden und der Euch wirklich steht.
Die Zeit der Frotteesocke endet, wenn Ihr oben eine Krawatte tragen müsst. Die Farbe der Krawatte muss entweder mit dem Hemd, dem Sakko und der Hose harmonieren, oder wenigstens mit einem von den dreien. „Passend zur Socke" hat noch nie ein Schwein interessiert.

> **110** Wenn wir uns Klamotten kaufen, ist der Preis unwichtig, denn es ist stets das einzig mögliche, wahre Teil, in unserer typgerechten Farbe.
Die Antwort darauf heißt: *„Das steht Dir aber hervorragend!"*

> **111** Die männliche Socke unterliegt der irrigen Annahme, sie sei Single. Ihr paarweises Auftreten ist jedoch ihr Lebenszweck.
Das Liegenlassen von Socken unterstützt den Vorgang des Verlorengehens. Erwartet bloß nicht, dass wir auf links gedrehte Socken (T-Shirts, Unterhosen, Hemden mit aufgekrempelten Ärmeln) nach dem Waschen und Trocknen richtig herum drehen. Wir räumen Euch den Kram schon in den Schrank.
Übrigens: Eine Waschmaschine ist nicht so bösartig veranlagt, dass sie nur Eure Sachen während des Waschens verdreht. Rein statistisch müssten unsere Sachen dann auch gelegentlich auf links gedreht sein, sind sie aber nicht.

Die restlichen 200 Grundregeln sagen wir Euch,
wenn Ihr die hier auswendig könnt.

Der vorletzte Punkt: Es kann auch alles ganz anders
sein. Alles ist ein Einzelfall. Pauschalisierungen sind
blöd. Aber wir können drüber diskutieren.

Immer der letzte Punkt:
Denkt dran – wir lieben Euch!

Regina Bollinger

Mülheim an der Ruhr, geboren im Mai 1959, verheiratet, geschieden, wieder verheiratet, zwei fast erwachsene Söhne, Leiterin einer Marketing-Abteilung.

Studium der ev. Theologie, abgeschlossenes Vikariat, Sondervikariat beim WDR, Beiträge und Sendungen für den WDR (z.B. in „Ohrzeit"), Veröffentlichungen von Gedichten, Kurzgeschichten (Rowohlt, Luchterhand) und Romanen (u.a. „Kaloum - Die Botschaft der Bäume").

Herausgeberin und Mitautorin von „Die Umarmung lösen" – Grundlagen und Arbeitsmaterialien zur Scheidung in Seelsorge und Gottesdienst (Gütersloher Verlagshaus, 1997). Beiträge in Zeitschriften und Sachbüchern zum Thema Krankenhaus-Marketing. Mitautorin und Gesellschafterin einer Internetplattform zum Thema Scheidung, Trennung und Eherettung: www.ent-scheidung.de

Anbieterin von spirituellen (Hochzeits-)Zeremonien für Menschen und Paare außerhalb der Kirche.

Homepage: regina-bollinger.de

Bukow M. Schulze

Jahrgang 1952, nicht verheiratet, nicht geschieden, leidenschaftlicher Doppelkopfspieler, Vorzeige-Esel, Grafiker und Cartoonist in Darmstadt.

Der Künstler lebt und arbeitet.
e-Mail: schulzes-buero@globabel.de